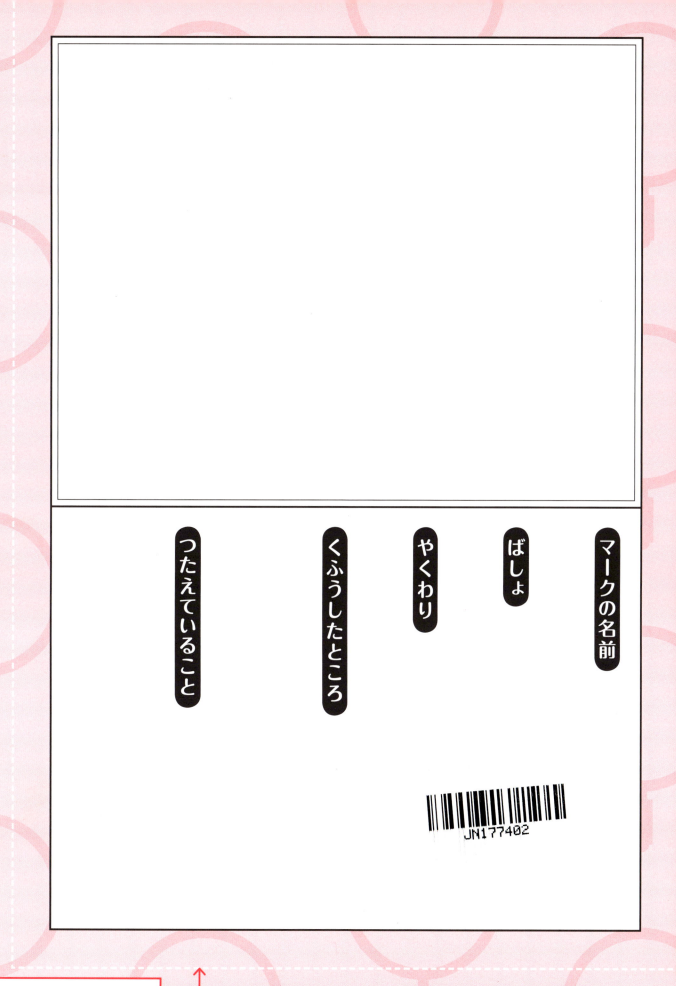

右上の角に合わせてコピーしてください。
Ｂ５サイズのワークシートになります。

さがしてみよう！
まちの記号とマーク ❷

家の記号とマーク

小峰書店編集部　編・著

小峰書店

もくじ

記号とマークをさがそう！

シーン1 玄関・リビング …… 4

玄関・リビングで見つけた記号とマークのやくわりとくふう … 6
🔍 ズームイン 荷物のあつかいのマーク …… 8

シーン2 子ども部屋 …… 10

子ども部屋で見つけた記号とマークのやくわりとくふう … 12
🔍 ズームイン 安全に遊ぶためのマーク …… 14

シーン3 キッチン …… 16

キッチンで見つけた記号とマークのやくわりとくふう … 18
🔍 ズームイン 食品のマーク …… 20
🔍 ズームイン 安全を守るためのマーク …… 22

シーン4 エコのマーク …… 24

分別で見つけた記号とマークのやくわりとくふう … 26
🔍 ズームイン リサイクルのマーク …… 28

シーン5 脱衣所・ふろ場 …… 30

脱衣所・ふろ場で見つけた記号とマークのやくわりとくふう … 32
🔍 ズームイン せんい製品の種類をしめすマーク …… 34

記号とマークのQ&A …… 36
おまけの答えコーナー …… 37
さくいん …… 38

この本の読み方

1 記号とマークをさがそう！

● ここに書かれた記号とマークが、絵の中のどこにあるか、さがしてみよう。

2 見つけた記号とマークの、やくわりとくふうを見てみよう！

● 「ここにあったよ！」を見ると、前のページの「こんな記号とマークがあるよ！」の答えがわかるよ。

● 記号とマークのくわしい紹介の部分だよ。「やくわり」と「くふう」、「つたえていること」を説明しているよ。

ピンク色は会社のマークを表します。

3 ズームインのページ

● このシーン（ここではキッチン）にある記号とマークに、ズームインするページだよ。同じようなやくわりをもつ記号とマークを集めているので、記号とマークがどんなふうに役に立っているのかが、よくわかるよ。

記号とマークをさがそう！

シーン1 玄関・リビング

家族がすごすリビングには、どんな記号やマークがあるでしょうか？　本や雑誌、みんながくつろいですごすための電化製品などに、マークが見つかります。また、とどけられた郵便物や宅配便にも、記号やマークが見つかります。

こんな記号とマークがあるよ！

あ	ダンボール箱に、黒くて丸い形のマークがついている。
い	お父さんが見ている郵便物に、青い「P」のマークがついている。
う	扇風機の羽根に、赤いマークがある。
え	荷物をとどけてくれたお兄さんのぼうしに、ネコの絵の黄色いマークがある。
お	野球のヘルメットに緑色の「S」のマークがある。
か	テレビのリモコンに▶や■の印のついたボタンがある。
き	ダンボール箱に、われたグラスの絵のマークがはってある。

シーン1 玄関・リビングで見つけた 記号とマークのやくわりとくふう

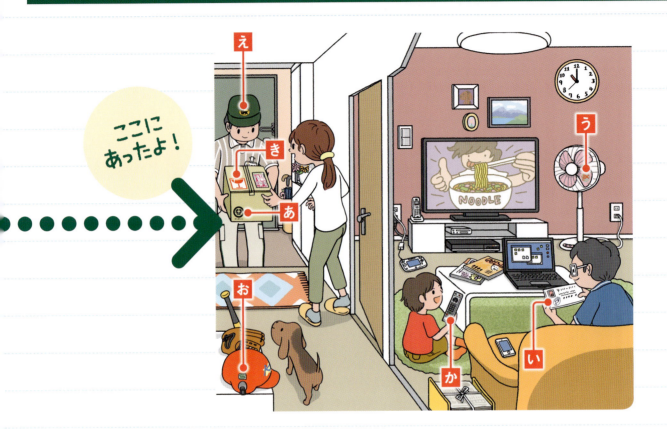

ここにあったよ！

あ ダンボールのリサイクルマーク

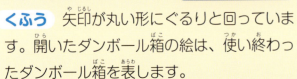

やくわり ダンボールのリサイクルをすすめます。

くふう 矢印が丸い形にぐるりと回っています。開いたダンボール箱の絵は、使い終わったダンボール箱を表します。

つたえていること 使い終わったダンボール箱はすてずに、資源ごみの日に出して、リサイクルをしましょう、とつたえています。

い プライバシー※マーク

※プライバシーとは、名前や住所、電話番号、生年月日などの個人情報のこと。

やくわり 個人情報を、きちんとあつかっている会社や団体だと知らせます。

くふう personal information（個人情報）の頭文字、pとiを組み合わせた形です。

つたえていること 手紙を出した会社や団体が、個人情報をきちんとあつかっていると、仕事での直接の関係がないほかの団体によって、みとめられていることをつたえています。

う 扇風機の指入れ禁止

やくわり 扇風機の羽根にふれないようにと注意をします。

くふう 色は赤です。横向きの扇風機に指をつっこんでいる絵です。手に、大きく×の印があります。

つたえていること 扇風機の網のすきまに指をつっこむと、けがをする危険があることをつたえています。

え 宅配便会社のマーク（会社）

やくわり 宅配便会社である「ヤマト運輸」のシンボルマークです。

くふう 色は黄色と黒です。横長のだ円形で、中に子ネコをくわえた親ネコの絵があります。

つたえていること 「親ネコが子ネコを運ぶように、お客さまの荷物を大切に運ぶ」という会社の思いを、つたえています。配達員の制服や配達車、荷物の送り状にもこのマークがついています。

お SGマーク

やくわり 製造のしかたや材料がしっかりしていて、安全性が高い製品だと知らせます。

くふう 外側の黒がGの形、内側に緑色のSの形です。SGはSafe Goods（安全な製品）の頭文字です。緑色は「安全」を表す色です。

つたえていること 家具やベビー用品、スポーツ用品、自転車など、さまざまな製品についています。もしも製品のせいでけがをした場合は、賠償金がしはらわれるなどの保証があります。

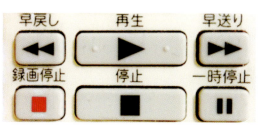

か テレビ・ビデオのリモコン

やくわり 録画・再生などの操作を、わかりやすくします。

くふう 右側を向いている三角の印は、再生を表します。早送り・まきもどしは三角がふたつで、まきもどしは、三角が左側を向いています。停止は、四角です。

つたえていること 三角、四角、丸などのかんたんな形で、意味をつたえています。世界共通の記号で、だれもがすぐにわかります。

き については次のページでくわしく説明しています。

ズームイン 荷物のあつかいのマーク

荷物 ぶじに、安全にとどけるために

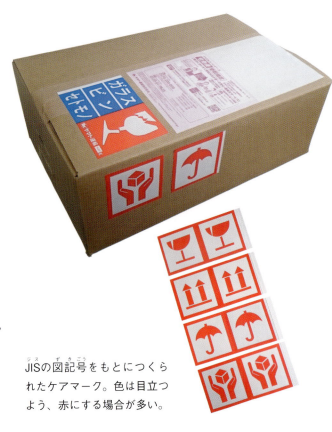

ダンボール箱の中に何が入っているかは、外からはわかりません。入っている物をこわさないように、荷物のあつかい方をつたえるマークがあります。これらは「ケアマーク」とよばれ、荷物を運ぶ人がけがをしないためにも、役に立っています。

マークは、JIS（日本工業規格）で決められています。これらをもとにして、ダンボールをつくる会社や宅配便会社がそれぞれにマークをつくっています（JIS規格の図記号について、くわしくは36ページを見てください）。

JISの図記号をもとにつくられたケアマーク。色は目立つよう、赤にする場合が多い。

き こわれもの注意

やくわり 荷物をていねいにあつかうよう、注意をします。

くふう われたグラスがえがかれています。

つたえていること われたグラスの絵で、こわれやすい物が入っていることをつたえ、荷物をらんぼうにあつかわないように、注意をしています。ガラス製品はこわれやすい物の代表です。

JISで決められた「こわれもの」の図記号。われている絵ではない。

そのほかのケアマーク（JISマーク）

取りあつかい注意

←こわれやすいものが入っているので、ていねいに取りあつかうこと。

火気厳禁

←もえやすいものなので、ぜったいに火を近づけてはいけない。

水濡れ防止

←水にぬらしてはいけない。

熱遮へい※

←太陽の光が当たる場所や、ストーブのそばなどにおいてはいけない。

上（横積み禁止）

←箱を積み上げるときに、上向きにおくよう注意をする。

上積み禁止

←この荷物の上には、ほかの荷物を積んではいけない。

※熱遮へいとは、熱がつたわらないようにさえぎること。

冷蔵・冷凍の荷物をしめすマーク

↑冷蔵品（左）、冷凍品（右）であることをしめす、ヤマト運輸のシール。色で区別できる。

↑冷蔵品（左）、冷凍品（右）であることをしめす、佐川急便のシール。冷やさなければならない温度も書いてある。

くふうされたこわれもの注意マーク

こわれもの注意のマークだけを見ても、宅配便の会社によって、ちがいます。共通点は、どのマークも赤い色を使っていることです。

日本郵便のシール。

ヤマト運輸のシール。

佐川急便のシール。

記号とマークをさがそう！

シーン2 子ども部屋

みなさんの部屋では、どんな記号やマークが見つかるでしょうか？　学校に持っていく道具や、服、家具などに記号やマークがついていないか、さがしてみましょう。

ここではおもに、おもちゃについている記号とマークを紹介します。

こんな記号とマークがあるよ！

あ	おもちゃの箱に「ST」と書かれている。
い	おもちゃの箱に犬の絵のマークがある。
う	はさみに、赤いマークがある。
え	ブロックが入っている箱の赤い部分に、白い文字のマークがある。
お	ゲームソフトに、アルファベットの黒いマークがある。
か	つるしてある服に、アルファベット4文字の赤いマークがある。
き	テーブルの上のおり紙に、ないている顔の絵のマークがある。

シーン2 子ども部屋で見つけた記号とマークの やくわり と くふう

ここに あったよ！

あ STマーク

やくわり 安全に遊ぶことができるおもちゃだと知らせます。
くふう STは、Safety Toy（安全なおもちゃ）の頭文字です。
つたえていること 日本玩具協会が、安全であることをみとめたおもちゃです。けがをしない安全な形、危険な材料を使っていないことなどが、たしかめられています。

い 盲導犬マーク

耳の不自由な人もいっしょに遊べるおもちゃには「うさぎマーク」がついている。

やくわり 目の不自由な人も、いっしょに遊べるおもちゃだと知らせます。
くふう 目の不自由な人を助ける盲導犬を、マークにしています。
つたえていること 手でさわったり、音を聞いて、楽しく遊べるようにつくられているおもちゃです。1992年のおもちゃの国際会議で、世界共通のマークとみとめられました。

12

う Gマーク

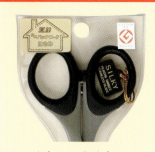

やくわり 「グッドデザイン賞」を受賞した、よいデザインの使いやすい商品だと知らせます。

くふう 赤い丸の中に、四角の白い「G」の文字があります。GはGood Design（よいデザイン）の頭文字です。

つたえていること 「くらしや社会をゆたかにする」とみとめられた、すぐれたデザインのものが、毎年えらばれます。物だけでなく、広告やウェブサイトなどもふくまれます。

え ブロックのマーク

やくわり ブロックの商品名を知らせます。

くふう 赤に、白い英語の文字で「diablock」と書いています。

つたえていること 「カワダ」という日本の会社がつくっている商品だと知らせます。子どもの年齢に合わせていくつかの種類があり、みんなで楽しく遊べるブロックです、とつたえています。

お ゲームソフトの対象年齢

やくわり このゲームソフトを楽しめる年齢を知らせます。

くふう 色は、黒です。年齢を表すアルファベットを、大きくて太い文字にしています。

つたえていること 「CEROレーティングマーク※」といい、保護者が子どもの年齢にふさわしいゲームソフトをあたえるための目安にするマークです。この商品は12歳未満の子どもにはふさわしくないとつたえています。

か 球団のマーク

やくわり 「広島東洋カープ」という名前の、プロ野球球団のシンボルマークです。

くふう 色は赤です。英語の「Carp」の文字をシンボルマークにしています。

つたえていること 広島城を「鯉城」とよぶなど、広島は鯉にゆかりのある場所だったので、「Carp（鯉）」が球団の名前になっています。たくさんのファンにささえられている市民球団であることを、つたえています。

※A（すべての年齢）、B（12歳以上）、C（15歳以上）、D（17歳以上）、Z（18歳以上）の5つがある。15ページも見よう。

きについては次のページでくわしく説明しています。

ズームイン 安全に遊ぶためのマーク

おもちゃ 知ってる？おもちゃの正しい遊び方

小さな子どもは、おもちゃでまちがった遊び方をしてしまうことがあります。おもちゃをのみこんでしまったり、友だちにけがをさせてしまったり、そんな事故がおきないように、気をつけなければなりません。

おもちゃには、遊び方の説明といっしょに、してはいけないことが絵でしめしてあります。この注意表示をおとなの人といっしょにたしかめることで、安全に遊ぶことができます。

車のおもちゃの箱についている、「くちにいれない」の注意表示。

くちにいれない

き 「くちにいれない」の注意表示

やくわり 口に入れて遊んではいけない、と知らせます。

くふう 口におもちゃを入れてしまい、なきだす子どもの絵です。後ろに2本のななめの線が入って、「禁止」を表します。

つたえていること 1歳から3歳くらいの小さな子どもは、口になんでも入れてしまいます。のみこんで、おもちゃをのどにつまらせる事故がおきないようにと注意をしています。日本玩具協会が決めている注意表示です。

そのほかの注意表示

まきつけない

ひとにむけない

ひにちかづけない

うえにのらない

みずにぬらさない

おとなといっしょ

↑表示は、全部で7つある。おもちゃによって、注意しなければならないことはちがうので、遊ぶ前によく見るようにする。

SFマーク

←安全に遊べるとみとめられたおもちゃ花火に、つけられるマーク。SとFは、Safety Fireworks（安全な花火）の頭文字。「日本煙火協会」の検査所で、安全がたしかめられたことをしめす。

花火をえらぶときには、この写真のようにSFマークがついているものをえらぶようにしよう。

「レーティング」の内容をしめす絵

13ページにある「CEROレーティングマーク」は、ゲームソフトの箱の表側についている、遊べる対象年齢をしめす5段階のマークです。

箱のうら側には、このマークをつけたもとになる理由が、「恋愛」「暴力」などの9つの要素でしめされています。これらの絵も、「CEROレーティングマーク」とあわせて、ゲームソフトをえらぶときの参考になります。

ゲームの対象年齢を決める、9つの要素。それぞれを絵で表している。

恋愛

セクシャル

暴力

恐怖

飲酒・喫煙

ギャンブル

言葉その他

麻薬等薬物

犯罪

記号とマークをさがそう！

シーン3 キッチン

キッチンには、肉や魚、野菜など生の食べ物、紙パックやペットボトルに入った飲み物、インスタント食品、調味料、おかしなど、たくさんの種類の食料品があります。それぞれ、どんな記号やマークがついているでしょうか？

調理するための道具や、電化製品なども、調べてみましょう。

こんな記号とマークがあるよ！

あ カップめんの容器に、赤いマークがある。

い マヨネーズのふくろに人形の絵のマークがある。

う 野菜のふくろに、金色と赤のマークがついている。

え 牛乳に「公正」の文字のマークがある。

お 冷蔵庫に、緑色のマークがついたステッカーがはってある。

か インスタントラーメンのふくろに、赤いカップの絵のマークがある。

き びんに、「JAS」の文字のマークがある。

く 洗剤に、赤い丸とななめ線がついたマークがある。線の下に目の絵がかいてある。

シーン3 キッチンで見つけた記号とマークの やくわり と くふう

ここにあったよ！

あ やけどに注意

やくわり 熱湯でやけどをしないように、注意をします。

くふう 色は赤です。たおしたカップと、こぼれる熱湯を、白色でえがいています。

つたえていること カップからこぼれた熱湯で、やけどをする危険があります、とつたえています。おいしく安全に食べられるように、容器の上のほうにこのマークがついています。

い 食品会社のマーク（会社）

やくわり このマヨネーズが、「キユーピー株式会社」の商品であることを知らせます。

くふう 「みんなに愛されるように」という願いをこめて、人気があったキューピー人形を会社のマークにしました。

つたえていること 子どもからお年よりまでみんなに愛されている商品だとつたえています。

う 名産品のマーク

やくわり この食品は、京都でつくられた、京都ならではの名産品であることをつたえています。

くふう 京都をローマ字で記した頭文字の「K」に、ゆたかな実りのみなもとである「大地」「水」「太陽」を、3本の線で表しています。

つたえていること 京都府のブランド認証審査会が、京都のブランド品としてみとめた、じまんの食品です。

え 牛乳の公正マーク

やくわり 中身の牛乳について、正しい説明がされていることをしめします。

くふう 「公正」の2文字をたてにならべて、細長い丸でかこんでいます。

つたえていること この牛乳をつくった人は、「全国飲用牛乳公正取引協議会」の会員です。協議会の決まりにしたがって正しくつくっていて、表示にうそがないことを、つたえています。

お フリーダイヤルのマーク

やくわり 無料でかけられる電話番号をしめします。

くふう 緑色に、白い線でくるくるとまがった電話線を表しています。

つたえていること 0120から始まる番号は、無料電話の番号です。料金を気にせず、気軽にかけてくださいとつたえています。このマークはNTTグループのもので、電話会社によってマークのよび方と形はちがいます。

か レッドカップキャンペーンのマーク

やくわり 食べ物がたりない国の子どもたちの給食に、寄付ができる商品だと知らせます。

くふう 寄付による給食の容器に使われる赤いカップを、表しています。

つたえていること 商品が売れたお金の一部を、食品会社が寄付して、給食費にします。マークを目印にして商品を買って、子どもたちを助けてくださいとつたえます。国連（国際連合）がおこなっている活動です。

ズームイン 食品のマーク

食べ物 安心な食品を知るために

しょうゆやジャムなど、多くの加工食品は、どんな材料を使って、どのようにつくられているか、見ただけではわかりません。

そこで、買う人が安心して食べ物をえらぶことができるように国が決めたのが、JASマークです。JASマークのついている食品は、国が品質をみとめたものです。

しょうゆのびんと紙パックについているJASマーク。有機JASマークもついている。

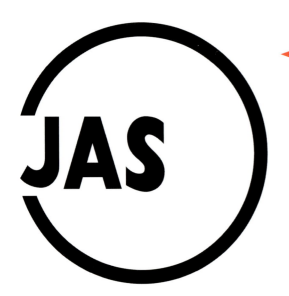

き JASマーク（日本農林規格）

やくわり 農林水産大臣が決めている、JAS規格（日本農林規格）に合っている食品であることをしめします。

くふう 「JAS」の3文字を、丸でぐるりとかこんだ形です。

つたえていること JAS規格のとおりにきちんとつくられ、管理されている、安心して食べられる食品だとつたえています。

有機JASマーク

化学的につくられた肥料や農薬を使わずに育てた野菜や肉と、それらを原料にした加工品につけられる。太陽や雲、植物を絵で表したマーク。

有機JASマークは緑色でない場合もある。

特定保健用食品マーク

↑「からだの調子を整える」など、健康なからだをつくるのに役立つことが、科学的にみとめられた商品につけられるマーク。「トクホ」ともいう。

Eマーク

↑その地域でとれる原料や材料のよさをいかした、特産品につけられるマーク。このマークをもとに、都道府県がそれぞれのマークをつくっている。

和牛統一マーク

↑外国の人に向けて、国産の牛肉であることをつたえるためにつくられたマーク。日の丸と牛の絵を組み合わせている。

国産チキンマーク

↑国産チキン（とり肉）の安全・安心をつたえるマーク。太陽の中に、日本列島の形のニワトリが、デザインされている。

「食品ロス削減国民運動」のマークは「ろすのん」

「食品ロス」とは、食べられるのにすてられてしまう食品のことです。大量の食品がすてられるくらしを見直そうと、農林水産省が「食品ロス削減国民運動」を始めています。運動のシンボルマークの名前は、「ろすのん」です。

食品ロス削減国民運動キャラクター「ろすのん」。日の丸が、食品ロスをかなしんで、ぽろりとなみだをながしている絵。パンフレットやポスターに見られる。

ズームイン 安全を守るためのマーク

危険 道具の使い方に気をつけて！

キッチンには、ガスレンジや電子レンジ、電気炊飯器など、調理に使う道具がたくさんあります。でも、使い方をまちがえると、事故をおこして、けがをしてしまいます。事故の危険がある道具には、あぶないことを知らせるマークがついています。

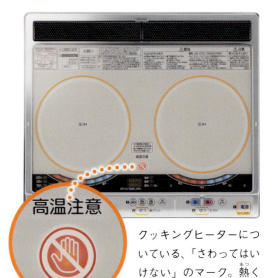

高温注意

クッキングヒーターについている、「さわってはいけない」のマーク。熱くなると赤く光る。

さわってはいけない

やくわり 熱くなるのでさわってはいけません、と知らせます。

くふう 手のひらの絵に、赤い丸にななめ線がついています。

つたえていること この部分は、スイッチを入れると高温になります。うっかりさわってやけどをしないように、と注意しています。

火気厳禁

火を近づけると爆発することがあるので、ぜったい近づけないように、と注意する。カセットコンロのボンベなどにある。

高温注意

とても熱くなることがあるので、さわってはいけないと注意する。電子レンジやヒーターなどについている。

感電注意

感電するおそれがあるので、さわってはいけないと注意する。テレビなどの電化製品についている。

危険 洗剤のあつかいはとくに注意！

洗剤や漂白剤には、注意がいる薬品が使われています。まちがった使い方をすると、からだに悪いことがおきて、危険です。それらの製品にはかならず、してはいけないことがマークでしめしてあります。これらのマークは、トイレやおふろの洗剤にも見られます。

台所用の漂白剤のうら側に書いてある注意。マークで、してはいけないことを知らせている。

目に注意

やくわり この容器の中味は、目に入れてはいけないものだと知らせます。

くふう 下からはねてとんだ2つのしずくが、目に入る絵です。赤い丸にななめ線がついています。

つたえていること 「目に入れたらぜったいにダメ」と強く注意しています。目に入ってしまった場合の手当ての方法も、書いてあります。

酸性タイプと併用不可
タイプのちがう洗剤や漂白剤をまぜると、からだに害のあるガスが発生して危険なので禁止、とつたえている。
※32ページの「まぜるな危険」のマークといっしょに使われることが多い。

子どもに注意
子どもが手にとって遊ぶと危険なので、子どもの手がとどく場所におくことを禁止している。

かならず換気
使うときには、かならずまどを開けて空気を入れかえるように、と指示をしている。

記号とマークをさがそう！

シーン4 エコのマーク

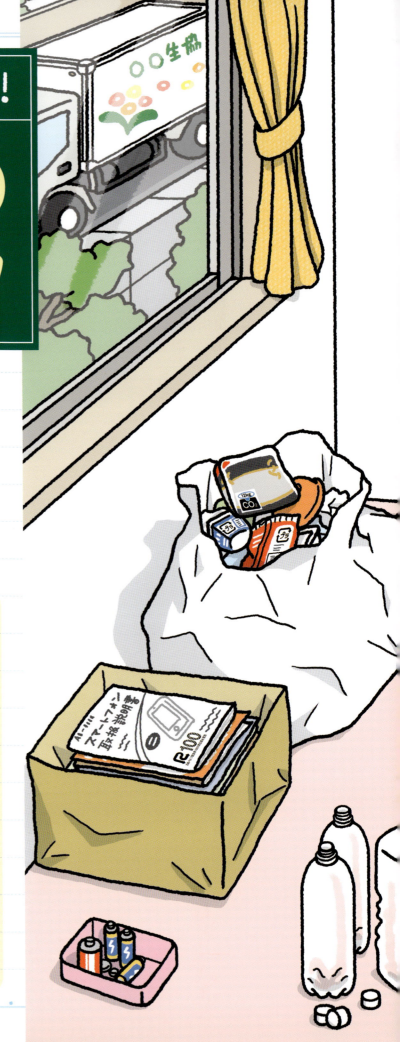

　製品をつくるときに、使うエネルギーをへらしたり、使い終わったものをすてずに回収してリサイクルしたりすることが、地球環境を守ることにつながります。これらのしくみに、マークが活やくしています。

こんな記号とマークがあるよ！

あ ポリぶくろに、うでの形をした青いマークがある。

い 男の子が持っている飲み物の容器に、緑色の顔のマークがある。

う ガムテープのふくろに、緑色のマークがある。

え テープの箱に、四つ葉のような形の緑色のマークがある。

お ガラスびんに、「R」の形のマークがある。

か ハムが入っていたビニールのふくろに、黒と青のマークがある。

き プラスチックの容器に、「プラ」と書かれた四角いマークがある。

シーン4 分別で見つけた記号とマークの やくわり と くふう

ここにあったよ！

37ページを見てみよう！

29ページを見てみよう！

6ページを見てみよう！

あ　エコマーク

やくわり　この製品が、つくられてからすてられるまでの全部の段階において、環境を気づかっていることを知らせます。
くふう　色は青です。ecology（環境保全）とearth（地球）の頭文字「e」が、人間の手になって、地球をやさしくつつむ絵です。
つたえていること　環境を守るための、きびしい決まりにしたがっているとつたえています。

い　間伐材マーク

やくわり　間伐材でつくった製品であることをつたえます。
くふう　色は緑色です。ニッコリ笑顔が、間伐された1本の杉の木をかかげている絵です。
つたえていること　山林の木を育てるためには、日が当たるようにほどよく木を切りたおす「間伐」をおこないます。その木を使うことで、山林を守っていることをつたえています。

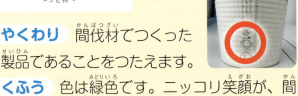

 **う PETボトル再利用品**

 **え バイオマスマーク**※

やくわり 材料の25％（全体の4分の1）以上が、使い終わったペットボトルをリサイクルしてつくられている商品だと知らせます。
くふう 色は緑色で、白いペットボトルの形がうかびあがっています。
つたえていること 使用後に回収されたペットボトルが、生まれ変わったものです。このガムテープを買うことが、地球環境を守るのに役立っていることをつたえています。

やくわり 「バイオマス」とは、生物から生まれた材料のことです。この製品には、バイオマスが使われていると知らせます。
くふう 地球から生えた四つ葉のひとつが、くるりと回転している絵です。
つたえていること バイオマスを使った製品は、石油を使った製品とはちがって、もやしても空気中の二酸化炭素をふやしません。地球温暖化の原因にならないことをつたえています。

 **お Rマーク**

 **か カーボンフットプリントマーク**※

やくわり このびんが、「リターナブルびん」だと知らせます。
くふう Returnable（再使用できる）の頭文字のRを、丸でかこんだ形です。リサイクルマークとはちがい、矢印ではありません。
つたえていること このマークがついたびんはくりかえし使うことができるので、お店に返してください、と再使用への協力をつたえています。古くなって使えなくなったびんは、くだかれて、びんの原材料になります。

やくわり この商品をつくるのに12kgの温室効果ガス（地球温暖化の原因となる二酸化炭素）を出していることを知らせます。
くふう このマークは、秤で温室効果ガス（CO_2）の重さをはかって表す絵になっています。
つたえていること 商品をつくる、使う、リサイクルする、すてるまでに出される温室効果ガスの量を、わかりやすく表します。この商品は12kg分を出しているので、みんなでへらす努力をしようとよびかけています。

※「バイオマスマーク」と「カーボンフットプリントマーク」については、36ページも見てください。

き については次のページでくわしく説明しています。

ズームイン リサイクルのマーク

矢印 ぐるりと回してリサイクル！

プラスチックや鉄、アルミニウムや紙などは、使い終わった後に、資源としてふたたび使うことができます。それをリサイクルといいます。リサイクルをするために、種類ごとに分別して回収しているのです。分別しやすいように、何でできているかをしめす材質識別マークもつけられています。

これらは、矢印がぐるりと回る形で、リサイクルできることを表しています。

ペットボトルのラベルに、リサイクルのための識別マークが2種類ついている。ラベルとふたがプラスチックで、ペットボトル本体はペットボトルに分別される。

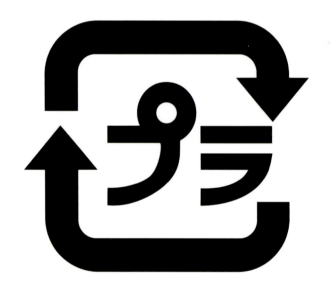

き プラスチックの材質識別マーク

やくわり リサイクルできるプラスチックでできていることを、しめします。

くふう ふたつの矢印で四角をつくり、上下にぐるりと回して、リサイクルを表します。

つたえていること この印がついている容器やふくろを使い終わったら、ごみ箱へすてずに、まとめて回収に出しましょう、とつたえています。

 「生分解性プラスチック」でできた製品についている「グリーンプラマーク」。微生物のはたらきによって土にかえるプラスチックとして、開発された。右の写真は、グリーンプラマークがついた水切りネット。

そのほかの材質識別マーク

→ ペットボトル
三角のマークで、リサイクルできることを表す。ジュース、水、しょうゆなどの容器についている。

→ スチールかん
丸いマークで、スチール（鉄）でできたかんについている。

→ アルミかん
三角のマークで、アルミニウムでできたかんについている。

それぞれ、アルミかんと、スチールかんのマークがついている飲み物。

→ 紙マーク
紙でできている容器で、リサイクルできることを表す。おかしやティッシュなどの紙箱についている。

→ 紙パックマーク
内側にアルミニウムのうすいシートをはっていない飲み物用の紙パックに、ついている。

牛乳パックについている紙パックマーク。

パソコン回収リサイクルマーク

↑パソコンについているマーク。メーカーがおこなうパソコンの回収・リサイクルサービスで、回収の料金がかからないことをしめす。

携帯電話のリサイクルマーク

モバイル・リサイクル・ネットワーク
携帯電話・PHSのリサイクルにご協力を。

↑使わなくなった携帯電話を、リサイクルのために回収しているお店であることをしめすマーク。

小型充電式電池のリサイクルマーク

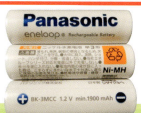

 Ni-Cd
ニカド電池

 Ni-MH
ニッケル水素電池

 Li-ion
リチウムイオン電池

 Pb
小型シール鉛蓄電池

← 小型充電式電池には、レアメタル（貴重な資源）がふくまれているので、リサイクルすることが決められている。

記号とマークをさがそう！

シーン5 脱衣所・ふろ場

脱衣所にある洗濯物には、せんいの材料やあつかいをしめす記号とマークがあります。ふろ場では、シャンプーやリンスなど、マークがついている容器が見つかります。

こんな記号とマークがあるよ！

あ ふろ場のかび取り洗剤に、黄色と赤の文字がある。

い 洗濯機のボタンに、Tシャツの絵がある。

う ドライヤーのコードに、ほのおの絵のマークがついている。

え 洗濯かごの中のシーツに、青いマークのタグがある。

お ぬいだ服のうら側に、マークのついたタグがある。

か ハンガーにかけてある服に、毛糸玉のような絵のマークがある。

シーン5 脱衣所・ふろ場で見つけた 記号とマークのやくわりとくふう

ここにあったよ！

35ページを見てみよう！

 **あ 洗剤の危険表示**

- **やくわり**「ほかの洗剤とまぜたらあぶない！」と注意をします。
- **くふう** 黄色と赤の、大きな文字です。
- **つたえていること** かび取り洗剤など塩素系の洗剤には、この表示があります。トイレ用洗剤などの酸性の洗剤といっしょに使うと、からだに害のあるガスが発生します。ぜったいにまぜないように、と注意をしています。

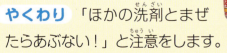

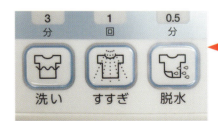 **い 洗濯機の操作ボタン**

- **やくわり** 洗濯機の操作ボタンをしめします。
- **くふう** Tシャツと水を組み合わせた絵で、3種類の操作を表します。
- **つたえていること**「あらう」「すすぐ」「しぼる」の3種類の操作ができることをつたえます。水の量や時間を変えたいときは、このボタンをおします。

う ドライヤーの発火注意マーク

やくわり ドライヤーのあつかいをまちがうと熱くなり、発火の危険があると知らせます。

くふう 黄色に黒の、ほのおの絵です。

つたえていること 電源コードをドライヤー本体にまきつけていると、内部の線が切れることがあります。また、髪の毛がまきこまれたり、ごみがすいこまれたりすることもあります。その場合、発熱・発火のおそれがあるので注意するように、とつたえています。

え SEKマーク

抗菌防臭加工

やくわり 抗菌防臭(ばい菌がふえにくく、においがしにくいこと)の加工がされた製品であることをしめします。

くふう 「SEK」は、「清潔」「衛生」「快適」をローマ字で書いた、それぞれの頭文字です。

つたえていること 下着やシーツ、まくらカバーによく見られるマークで、安全に気持ちよく使える製品だとつたえています。かびやばい菌がふえにくい加工のマークは、別の色です。

お 衣類の洗濯表示

やくわり 洗濯機でのあらい方を、しめします。

くふう 水をためた洗濯おけ(たらい)の絵です。水の部分に、水の温度を書いています。

つたえていること 「この製品は、家の洗濯機であらえます。水の温度は30度以下にすること」という指示を表します。30度よりも高い温度の湯であらうと、服がいたむことをつたえています。洗濯機であらえない場合は、マーク全体に×がかかれています。

新しくなった洗濯表示

日本ではJIS(日本工業規格)が決めた洗濯表示のマークが使われてきましたが、2016年から、世界で統一されたマークに変わっています。

洗濯機であらえることをしめす。30度以下の水温であらうこと。

漂白(薬品で白くすること)ができることをしめす。

自然乾燥で、つり下げてほすのがよいことをしめす。

アイロンのかけ方をしめす。点ひとつは、低温をしめす。

ドライクリーニングができないことをしめす。

家の乾燥機が使えることをしめす。

か については次のページでくわしく説明しています。

ズームイン せんい製品の種類をしめすマーク

🔍 せんいの特色を知らせる

服のうらにつけられた、ウール（羊毛）100％の表示。

　せんいとは、布製品の材料になっている、細い糸のことです。せんいには、ウール（羊毛）やコットン（綿）などの天然のせんいと、工場で石油からつくられる化学せんいとがあります。化学せんいのほうがかんたんに安くつくれるので、天然のせんいよりも多く売られています。
　天然せんいのよさを知ってもらおうと、マークを使って天然せんいであることをしめしています。

PURE NEW WOOL

か　ウールマーク

やくわり　この製品が、新しい羊毛を100％（全部）使ってつくられていることを知らせます。
くふう　しまもようで、毛糸玉のような絵です。
つたえていること　ザ・ウールマーク・カンパニーが、しっかりしたよい品物だとみとめている製品です。1964年に誕生したこのマークは、140か国以上で使われていて、全世界にウールのよさを知らせています。

WOOL RICH BLEND

ウールマークブレンド
新しい羊毛を50〜99.9％（材料の半分以上）使っている製品。ザ・ウールマーク・カンパニーが決めた基準に合格したことをしめす。

WOOL BLEND PERFORMANCE

ウールブレンド
新しい羊毛を30〜49.9％（材料の3分の1から半分）使っている製品。ザ・ウールマーク・カンパニーが決めた基準に合格したことをしめす。

ジャパン・コットン・マーク

ピュア・コットン・マークのタグがつけられたタオル。

↑ピュア・コットン・マーク。製品の全部が、日本でつくられた綿でできているものに、つけられる。

↑コットン・ブレンド・マーク。日本でつくられた綿が半分以上使われている製品に、つけられる。

純国産絹マーク

←日本でできたまゆ・生糸だけを使って日本国内でつくられた絹製品であることをしめす。

アルパカマーク

←アルパカの毛を使った製品につけられるマーク。国際アルパカ協会がみとめたものにだけ、使うことができる。

マークで大成功！「今治タオルブランド」

愛媛県の今治タオル工業組合が、高品質タオルのブランドとして立ち上げたのが「今治タオルブランド」です。ロゴマークも広く知られ、ブランドの人気を高めるのに役立っています。マークの白は、空にうかぶ雲とタオルのやさしさ・清潔感を、青は海とゆたかな水を、赤はのぼりゆく太陽と産地の力を表しています。

使いごこちのよさで人気の今治タオルブランド。

記号とマークのQ&A

Q1 JIS規格のマーク（図記号）ってどんなものがあるの？

JIS(日本工業規格)といえば、製品についているJISマーク（くわしくは1巻36ページ）が有名ですが、JISが定めているマークはほかにも多くあります。

JISのマークには、交通機関や店などの公共施設で使われる、「案内用図記号」があります。2002（平成14）年に110のマークが定められて、それまで場所ごとにちがっていたマークがまとめられました。

さらにマークは、世界でひとつにまとめられつつあります。人と物が国をこえて行き来する今の時代には、世界中のだれにでもわかるマークが必要です。JISは世界の動きにあわせて、日本でのマークをまとめたり、新しくくわえたりしています。

案内用図記号の例

 しずかに
 トイレ
 鉄道・駅
 空港・飛行機

JISの案内用図記号の例。日本中で見ることができるマークになっている。

災害に関する新しい図記号

 洪水
 津波
 土石流注意
 大きな火事

自然災害にそなえて、2016年3月に、JISの案内用図記号に7点がくわわった。そのうちの4点。

Q2 「バイオマスマーク」や「カーボンフットプリントマーク」って、何？

「地球温暖化」という言葉を聞いたことがありますか？ 地球の温度が上がって、氷がとけて海面が上がったり、きょくたんに天気が変わったりする問題です。

温度が上がっているのは、温室効果ガスとよばれるガスがふえて、地球をとりかこみ、地球をあたためているからです。二酸化炭素（CO_2）がその代表で、物をもやしたり、工場などで石油を使うことで多く発生します。そのため、物をつくったり、ごみをもやしたりするときに出る二酸化炭素などの炭素（カーボン）を、へらすことが大切なのです。

27ページにあるバイオマスマークやカーボンフットプリントマークは、温室効果ガスをへらすために取り組んでいることを、マークで表したものです。これらのマークを使って、消費者への協力をよびかけています。

 バイオマスマーク
 カーボンフットプリントマーク

Aこたえ： 温室効果ガスをへらすための取り組みをしめすマークです。

お金をはらって物を買ったり、サービスを受けたりする人のことを「消費者」といいます。わたしたちは、消費者として毎日をすごしています。消費者のための記号とマークを中心に、くわしく見てみましょう。

Q3 権利を守るマークって、どういうもの？

本、写真、音楽などの作品が勝手に使われないための、コピーライトマーク。

商品やロゴマークを勝手に使われないようにするための、アールマーク。

「権利」とは、あることをやるか、やらないかを、自分で決められる自由のことです。わたしたち一人ひとりに、いろいろな「権利」があります。だれもが安心できるくらしのためには、これらの「権利」が守られなければなりません。

権利を守るためのマークには、たとえば、本や写真、音楽、映像などの作品をつくった人の権利を守る「コピーライトマーク」があります。その作品についての権利は、この作者にあるので、作者のゆるしがないままに、勝手にコピーをして人にくばってはいけない、とだれが見てもわかるようにしています。権利という目に見えないものを守るために、マークが役立っているわかりやすい例です。

A こたえ： 勝手に、何かをされないようにするためのマークです。

おまけの答えコーナー

16ページ：レトルト食品の蒸気注意マーク

電子レンジやお湯で温めてそのまま食べられるレトルト食品に、ついているマーク。ふくろをあけたときに、熱い蒸気でやけどをしないように、と注意をよびかけている。

24ページ：再生紙使用マーク

紙をつくるのに、いったん回収された古紙をどれくらい使っているかをしめすマーク。数字が大きいほど、たくさんの古紙が使われていることを表す。このマークの場合は100％、つまりすべて古紙でできている再生紙。「Rマーク」ともいう。

さくいん

項目が絵で表されている場合も、そのページをしめしています。

Rマーク（びん）	25、27
アルパカマーク	35
アルミかんの材質識別マーク	25、29
Eマーク	21
今治タオルブランド	31、35
衣類の洗濯表示	31、33
ウールブレンド	34
ウールマーク	31、34
ウールマークブレンド	34
うさぎマーク	12
エコマーク	25、26
SEKマーク	31、33
SFマーク	15
SGマーク	4、7
STマーク	11、12

カーボンフットプリントマーク	24、27、36
火気厳禁	9、22
かならず換気	23
紙パックマーク	17、25、29
紙マーク	17、29
感電注意	22
間伐材マーク	25、26
球団のマーク（Carp）	11、13
牛乳の公正マーク	17、19、25
くちにいれない（おもちゃの注意表示）	11、14
グリーンプラマーク	28
ケアマーク	4、8、9
携帯電話のリサイクルマーク	29
ゲームソフトの対象年齢	10、13
権利を守るマーク	37
高温注意	22
小型充電式電池のリサイクルマーク	29
国産チキンマーク	21
子どもに注意	23
こわれもの注意	4、8、9

再生紙使用マーク	24、37
さわってはいけない	22
酸性タイプと併用不可	23
Gマーク	11、13

JISマーク（日本工業規格） …… 8、9、33、36
JASマーク（日本農林規格） ……… 16、20
ジャパン・コットン・マーク ……………… 35
純国産絹マーク ……………………… 35
食品会社のマーク（会社） ………… 17、18
食品ロス削減国民運動 ……………… 21
スチールかんの材質識別マーク …… 25、29
CEROレーティングマーク …… 10、13、15
洗剤の危険表示 …… 16、23、30、32
洗濯機の操作ボタン ……………… 31、32
扇風機の指入れ禁止 ………………… 5、7

宅配便会社のマーク（会社） ………… 4、7
ダンボールのリサイクルマーク …… 4、6、25
テレビ・ビデオのリモコン ……………… 5、7
特定保健用食品マーク ……………… 21
ドライヤーの発火注意マーク …… 31、33
バイオマスマーク ……………… 25、27、36
パソコン回収リサイクルマーク ………… 29
プライバシーマーク ………………… 5、6
プラスチックの材質識別マーク …16、24、28
フリーダイヤルのマーク ………… 17、19

ブロックのマーク（会社） ………… 11、13
PETボトル再利用品 ……………… 25、27
ペットボトルの材質識別マーク …… 17、28、29

名産品のマーク（京都のブランド品） … 16、19
目に注意 ………………………… 16、23
盲導犬マーク ……………………… 11、12
やけどに注意 ……………………… 17、18
有機JASマーク …………………… 17、20
冷蔵・冷凍の荷物をしめすマーク ………… 9
レッドカップキャンペーンのマーク …… 17、19
レトルト食品の蒸気注意マーク ……… 16、37
ろすのん …………………………… 21
和牛統一マーク …………………… 21

イラスト	さかもとすみよ
装丁・本文デザイン	倉科明敏（T.デザイン室）
企画・編集	渡部のり子・山崎理恵（小峰書店） 常松心平・鬼塚夏海（オフィス303）
協力	古谷成司（千葉県富里市教育委員会） 古谷由美（千葉県印西市立小倉台小学校） 公益財団法人エコロジー・モビリティ財団
取材・写真協力	ヤマト運輸（株）／キユーピー（株）／日本山村硝子（株）／ 京のふるさと産品協会

さがしてみよう！ まちの記号とマーク ❷

家の記号とマーク

2017年4月5日　第1刷発行　　2019年6月30日　第3刷発行

編・著	小峰書店編集部
発行者	小峰広一郎
発行所	株式会社小峰書店 〒162-0066 東京都新宿区市谷台町4-15 TEL 03-3357-3521　FAX 03-3357-1027 https://www.komineshoten.co.jp/
印　刷	株式会社三秀舎
製　本	小髙製本工業株式会社

© Komineshoten 2017 Printed in Japan　　NDC 801　39p　29 × 23cm　　ISBN978-4-338-31002-4

乱丁・落丁本はお取り替えいたします。
本書のコピー、スキャン、デジタル化等の無断複製は著作権法上での例外を除き禁じられています。本書を代行業者等の第三者に依頼してスキャンやデジタル化することは、たとえ個人や家庭内での利用であっても一切認められておりません。

すべりやすいので注意
こおりやすい道路などにある、注意マークだよ。

タクシー乗り場
タクシー乗り場のマークだよ！駅前によくあるね。

レンタカー
レンタカーの受付だよ。空港などで見かけるよ。

段差に注意
気づきにくい段差に、注意してもらうためのマークだよ。つまずかないよう、注意！

広域避難場所
災害のときのみんなの避難場所だよ。学校や公園が多いよ。

非常口
建物の中にある非常口を案内するよ。このマークをめざしてにげよう！

病院（地図記号）
病院を表す、地図上の記号だよ。国立や県立の病院をしめす記号だよ。

待合室
電車やバスを待つための場所だよ。いすがおいてあるから、すわっていられるよ。

ミーティングポイント
だれかと待ち合わせをするのに、おすすめの場所だよ。空港などで見られるよ。

病院（新・地図記号）
外国の人にもわかりやすいように、2016年に新しくつくられた地図記号だよ。